D1726961

Quellennachweise

Der Bibelvers ist folgender Ausgabe entnommen:
Neues Leben. Die Bibel, © Copyright der deutschen Ausgabe 2002 und 2006
by SCM R.Brockhaus im SCM-Verlag GmbH & Co. KG, Witten

Trotz sorgfältiger Recherche konnten nicht alle Rechtenachweise zweifelsfrei ermittelt werden.
Der Verlag dankt für Hinweise.

Zusammengestellt von Norbert Schnabel

© 2013 SCM Collection im SCM-Verlag GmbH & Co. KG
Bodenborn 43 · 58452 Witten
Internet: www.feste-des-lebens.de; E-Mail: collection@feste-des-lebens.de

Gesamtgestaltung: Miriam Gamper-Brühl | Essen | www.dko-design.de
Fotos und Illustrationen: © Shutterstock; Doppelseiten 1, 3, 10, 11, 16 © Thinkstock
Druck und Bindung: Druckerei Theiss GmbH | www.theiss.at
Gedruckt in Österreich
ISBN 978-3-7893-5004-7
Bestell-Nr. 625.004000

Ich freu mich mit dir!

SCM Collection

Wer sich heute freuen kann,
der warte
nicht bis morgen!

Johann Heinrich Pestalozzi

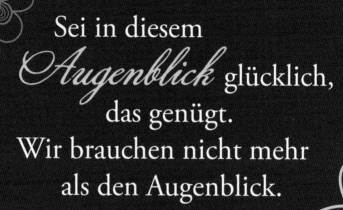

Sei in diesem
Augenblick glücklich,
das genügt.
Wir brauchen nicht mehr
als den Augenblick.

Mutter Teresa

Die Welt gehört dem,
der sie genießt.

Giacomo Leopardi

Wie doch
Freude und Glück
einen Menschen schön machen!

Fjodor M. Dostojewski

Dass uns eine Sache fehlt,
sollte uns nicht
davon abhalten,
alles andere zu *genießen.*

Jane Austen

Möge heute der erste Tag
der besten Jahre
deines Lebens sein!

Ein Mensch,
der da isst und trinkt
und hat *guten Mut*
bei all seinem Mühen,
das ist eine Gabe Gottes.

Die Bibel

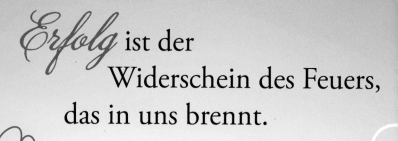

Erfolg ist der
Widerschein des Feuers,
das in uns brennt.

Mark Twain

Anstrengung
ist die Gemüsebeilage
zum Glück.

Xenophon

Viele Menschen meinen,
um Erfolg zu haben,
müsse man nur früh genug aufstehen.
Aber sie irren sich:
*Man muss auch
gut gelaunt aufstehen.*

Marcel Achard

Günstige Winde

kann nur der nutzen,
der weiß, wohin er will.

Oscar Wilde

Freude

Freude soll nimmer schweigen.
Freude soll offen sich zeigen.
Freude soll lachen, glänzen und singen.
Freude soll danken ein Leben lang.
Freude soll dir die Seele durchschauern.
Freude soll weiterschwingen.
Freude soll dauern
Ein Leben lang.

Joachim Ringelnatz

Ich könnte manchmal

vor Glück

eine ganze Allee
von Purzelbäumen schlagen!

Heinz Erhardt

Glück gleicht
durch Höhe aus,
was ihm an Länge fehlt.

Robert Lee Frost

Oft kommt das *Glück*
durch eine Tür herein,
von der man gar nicht wusste,
dass man sie
offen gelassen hatte.

John Barrymore

Glück ist wie ein Maßanzug. Unglücklich sind meistens die, die den Maßanzug eines anderen tragen möchten.

Karl Böhm

Das Glück ist ein Vogel.

Die Zufriedenheit ist sein Nest.

Markus Weidmann

Zufriedenheit ist der Stein
der Weisen.
Zufriedenheit wandelt in Gold,
was immer sie berührt.

Benjamin Franklin

Die wahren Freunde
erkennt man im Glück,
denn nur sie
sind nicht eifersüchtig,
wenn du dich freust.

Elie Wiesel

Wirklich glücklich
kann man nur werden,
wenn man sich selbst so mag,
wie man ist.

Ingrid Trobisch